L'INVASION PROCHAINE

PARIS

CAMP RETRANCHÉ

BOURGES

CAPITALE

PRIX : **50** CENTIMES

PARIS

LIBRAIRIE MARESCQ AINÉ

CHEVALIER-MARESCQ ET Cie, ÉDITEURS

20, RUE SOUFFLOT, 20

1893

L'INVASION PROCHAINE

PARIS

TYPOGRAPHIE DE E. PLON, NOURRIT ET Cie

Rue Garancière, 8.

L'INVASION PROCHAINE

PARIS

CAMP RETRANCHÉ

BOURGES

CAPITALE

PRIX : **50** CENTIMES

PARIS

LIBRAIRIE MARESCQ AINÉ

CHEVALIER-MARESCQ et Cⁱᵉ, ÉDITEURS

20, RUE SOUFFLOT, 20

1893

L'INVASION PROCHAINE

Avertir la nation.....

Lui faire concevoir la possibilité et même la probabilité d'éventualités graves, prévenir toute surprise de l'esprit public et l'accoutumer à l'idée d'échecs initiaux, qui seront de courte durée, pourvu qu'on les supporte avec sang-froid, tel est le but de cette étude.

L'invasion!

Quoi! Vingt ans d'efforts, 20 milliards dépensés n'ont pu nous en préserver! Serait-ce donc en vain que les plus lourds sacrifices ont été consentis pour la lente reconstitution de notre armée maintenant vigoureuse et puissante?

Ayons le courage de le dire : oui, l'invasion est possible; elle est probable; il faut s'y préparer.

Il est une redite admise comme un axiome :

« Si nous sommes heureux au commencement de
« la campagne, tout ira bien ! »

Idée fausse et dangereuse contre laquelle on ne
saurait trop s'élever, car elle conduit à cette autre
idée non moins fausse, mais plus dangereuse encore
que la première :

« Si nous sommes malheureux au début de la
« campagne, tout ira mal ! »

Il est temps que le pays le sache, les premiers jours
pourront être malheureux ; mais que la France pré-
venue reste calme et confiante dans sa force, et la
victoire définitive ne saurait lui échapper.

Et que la nation, qui n'a refusé ni son argent ni
ses enfants, ne se croie pas en droit d'accuser soit
les chefs de l'armée, soit les hommes qui, depuis 1871,
sont à la tête du gouvernement. Le pays et le gouvernement ont fait leur devoir ; les chefs de tout
ordre ont fait et feront le leur.

Mais les moyens d'action de nos ennemis ont
augmenté dans d'énormes proportions ; ils vont
s'accroître encore. Si nous sommes certains de l'égalité dans la puissance de l'armement, nous aurons
cependant le nombre contre nous, du moins dans les
premières semaines de la lutte. La disproportion des
forces, sans atteindre celle de 1870, sera néanmoins

telle qu'il faut envisager la nécessité de la défense pied à pied, jusqu'au jour où, les conditions générales se trouvant modifiées, nous reprendrons l'offensive.

Cherchons donc à comprendre comment nous aurons encore, au début, l'infériorité numérique et pourquoi nous devons être brusquement attaqués et envahis.

Quand nous l'aurons compris, les mauvais jours possibles du commencement de la lutte ne troubleront plus nos cœurs ; nous saurons les supporter avec calme en conservant dans l'avenir une inébranlable confiance.

Plusieurs fois déjà, l'histoire nous l'apprend, notre chère Patrie a connu ces épreuves ; mais cette histoire nous apprend aussi que, si la nation se montre sans faiblesse, elle sait toujours ramener la victoire.

I

Grâce à un puissant réseau de chemins de fer stratégiques, l'Alsace-Lorraine, organisée par les Allemands en place d'armes offensive, permet la concentration de forces considérables avec une exceptionnelle rapidité.

Sans entrer dans des détails techniques ou dans des calculs souvent répétés, il faut admettre que, le quatorzième jour qui suivra la mobilisation, les Allemands disposeront pour une offensive immédiate de 1,200,000 hommes échelonnés le long de notre frontière.

Le rendement de leurs lignes de fer, pendant les deux premières semaines, *assure* la concentration :

1° De quatre armées en première ligne, soit, en moyenne, seize corps débarqués sur la transversale, Metz, Courcelles, Remilly, Bénestroff, Sarrebourg, Saverne ;

2° De deux armées en seconde ligne, soit huit corps débarqués sur les deux transversales, Thionville, Bouzonville, Téterchen, Béning ; et Sarrelouis, Sarrebrück, Sarreguemines ;

3° D'une armée de trois corps débarqués le long des Vosges et placés entre Colmar et Mulhouse.

Que la concentration réalisée soit telle ou qu'il en existe une autre, ce qu'il importe de retenir, c'est la possibilité pour les Allemands de réunir, en quinze jours, vingt-sept corps d'armée prêts à l'invasion.

L'ensemble des forces allemandes actuelles comprend :

1° 1,600,000 hommes de troupes de première ligne ;

2° 1,100,000 hommes de troupes de deuxième ligne ;

Il conviendra d'ajouter prochainement les augmentations considérables de la nouvelle loi militaire qui va être incessamment votée par le Reichstag.

On verra plus loin que les 400,000 hommes de première ligne qui restent disponibles, appuyés par un nombre égal de troupes de deuxième ligne, sont plus que suffisants pour le rôle que ces forces auront à jouer vis-à-vis des Russes pendant les premiers temps de la campagne.

En examinant dans la Lorraine la position des quais de débarquement, on constate qu'un grand nombre d'entre eux sont très rapprochés de notre frontière.

C'est ainsi que les quais de Courcelles et de Remilly sont à 15 et à 13 kilomètres; ceux de Bénestroff, Berthelming, Sarrebourg, à 25, etc.

Cette disposition impose aux Allemands une offensive immédiate. Dans toute autre hypothèse, ils seraient exposés à la destruction de lignes de fer aussi rapprochées, et, par suite, obligés à reporter leur première ligne de débarquement sur la seconde transversale, Thionville, Sarreguemines. Leurs deux armées en seconde ligne seraient alors forcées de s'arrêter sur le Rhin.

Il est impossible d'admettre que les Allemands s'exposent à une aussi dangereuse éventualité. Ils sont logiquement amenés à nous déclarer la guerre par surprise, de manière à écarter sûrement tout risque de cette nature.

Leur organisation politique se prête singulièrement à une attaque brusquée. Les dispositions des troupes d'Alsace-Lorraine facilitent également ce mode d'action, et nous pouvons être à peu près certains qu'à l'heure même où la déclaration de guerre nous sera signifiée, leurs avant-gardes franchiront la frontière.

Mais la guerre peut-elle se déclarer ainsi? n'a-t-elle pas ses prodromes?

La période de « tension politique », chère aux diplomates, a fait son temps. Notre époque de chemins de fer, de télégraphes, de vitesse à outrance, ne la comporte plus. Il n'y en a pas eu en 1870; il en serait de même aujourd'hui.

Les premiers combats auront donc lieu sur notre territoire, dans des conditions de soudaineté particulièrement difficiles.

Les masses allemandes réunies dans les premiers temps seront nécessairement plus nombreuses que les nôtres. Lorsqu'à la fin de notre concentration l'égalité sera près d'être réalisée, l'équilibre sera rompu derechef en faveur de la Triple Alliance par les éléments nouveaux qu'elle peut alors faire entrer en ligne.

Il est généralement admis que l'Autriche dirigera toutes ses armées contre la Russie. On s'expose à commettre ainsi une grave erreur.

L'examen de la situation générale démontre la possibilité de l'entrée en ligne dans la haute Alsace d'une armée autrichienne de 300,000 hommes, du quatorzième au vingt-huitième jour qui suivra la déclaration de guerre.

La conception stratégique de la Triple Alliance n'est en effet un mystère pour personne.

Deux mois et demi au moins sont nécessaires à la Russie pour réunir des masses lui permettant d'agir offensivement. Nos adversaires comptent avoir le temps de jeter sur nous des forces telles que la campagne soit décidée avant que la Russie puisse faire sentir son action.

Cette considération seule rendrait vraisemblable l'attaque autrichienne ; mais il existe d'autres faits qui viennent corroborer cette hypothèse.

Depuis 1891, le réseau des chemins de fer de l'Allemagne du Sud permet de terminer le huitième jour au soir pour les troupes, et le quatorzième pour les équipages, le transport stratégique, dans la haute Alsace, des 13ᵉ et 14ᵉ corps allemands et du 1ᵉʳ corps bavarois.

L'amélioration de ce réseau ferré ne paraissait donc pas nécessaire, d'autant que pour passer de la vallée du Danube dans celle du Rhin, les travaux d'art sont nombreux et la construction des lignes extrêmement coûteuse. Et cependant, sans hésiter, l'Allemagne engage à cet effet des dépenses considérables.

C'est ainsi que le Schwartz walderbahn construit à travers la forêt Noire, entre Offenburg et Donaueschingen, a été amélioré. Des raccords ont été établis de Hansach à Frendenstadt et Orb. La ligne badoise du Sud, qui reliait également le Danube au Rhin, en empruntant le territoire suisse, a été totalement remaniée afin d'éviter ce territoire. On a ouvert les sections de Schopfheim à Sackingen et de Weisen à Immendingen, ainsi que le raccord de Tuttlingen à Inzighofen, qui aboutit à la ligne de Tubingen à Sigmaringen. Une communication directe entre Ulm ou Munich et le pont du chemin de fer sur le Rhin au nord d'Huningue est ainsi réalisée.

Pour le transport des trains militaires, le rendement de ces lignes a été augmenté, en ramenant les rampes à 6 millimètres et en supprimant les courbes de petit rayon. Les lignes à voie unique ont été pourvues de voies d'évitement de 450 mètres à des intervalles ne dépassant pas 8 kilomètres, et le block-système y est adapté. Aux nœuds de chemins de fer, aux bifurcations importantes, des courbes de raccordement sont établies qui permettent de passer sans entrer en gare, d'une ligne à une autre ; des viaducs ont été construits pour faire passer les lignes l'une au-dessus de l'autre afin d'éviter les croisements et rendre les lignes de transport indépendantes ; enfin des réserves de charbon sont constituées pour une circulation intensive de quatre semaines.

En outre, le tronçon — Neustadt, Hufingen, Donaueschingen — qui reliera directement Fribourg à la ligne de la forêt Noire, va être établi. Il ouvrira une nouvelle ligne de transport aboutissant au pont de Mülheim sur le Rhin.

L'intérêt commercial ne suffit pas à expliquer d'aussi grands sacrifices d'argent. L'intérêt stratégique allemand ne l'explique pas davantage, car, pour leur concentration en Alsace, nos voisins se trouvent depuis longtemps dans les meilleures conditions.

Quelle est la raison d'être de ces travaux, sinon d'ouvrir trois lignes de transport soit aux Autrichiens, soit aux Italiens ?

En ce moment, ces trois lignes de fer, qui se raccordent au réseau autrichien, peuvent débiter 88 trains par 24 heures. Elles se trouveront dégagées par les Allemands dès le quatorzième jour et pourront alors servir au transport d'une armée autrichienne de six corps entre le quinzième et le vingt-huitième jour.

Ainsi, un mois au plus après la mobilisation, une armée autrichienne de 300,000 hommes peut être concentrée dans la haute Alsace, ce qui permettrait à la 7ᵉ armée allemande de franchir les Vosges pour donner la main à l'armée de Saverne.

On admet plus volontiers que ces lignes seront utilisées par les Italiens. La pose de la seconde voie de la ligne du Brenner donne de la vraisemblance à cette hypothèse. Ainsi serait assuré le transport des 5ᵉ et 6ᵉ corps italiens (Vérone et Bologne).

Mais il ne faut pas perdre de vue que, en raison des difficultés de leur mobilisation, les Italiens ne peuvent guère amener en Alsace des masses sérieuses avant le vingt-cinquième jour. Les lignes allemandes vont-elles donc rester inactives du quatorzième au vingt-cinquième jour?

La situation stratégique impose à la Triple Alliance une offensive rapide et décisive. Elle ne peut espérer de solution favorable qu'au moyen d'une supériorité numérique aussi grande que possible. Il est donc admissible que les Allemands, ne pouvant pas utiliser à temps les Italiens, se sont résolus à toutes les dépenses de chemins de fer nécessaires pour amener rapidement en Alsace les 300,000 Autri-

chiens qui assureront leur prépondérance numérique.

Puisque matériellement ce mouvement est possible, il reste à élucider cette question :

L'Autriche peut-elle disposer d'une telle force
sans risquer de compromettre sa campagne contre la
Russie?

A la fin de 1892, paraissait à Paris un livre fort intéressant : « *La situation stratégique de la France dans la guerre de demain.* »

L'auteur, le général russe de M.j..y, établit que la Russie ne peut faire sentir son action offensive que deux mois et demi après la déclaration de guerre. Ce temps doit être considéré comme un minimum, car, malgré toute leur ardeur, les Russes sont ralentis par de sérieuses difficultés locales : distances énormes, rares chemins de fer, matériel insuffisant, absence de bonnes routes. Si la mobilisation survenait dans une mauvaise saison, les délais s'augmenteraient encore. Aussi le général insiste-t-il sur le danger que peut courir la France à se laisser aller trop tôt à des opérations et surtout à des batailles décisives. — « Il faut pouvoir durer » — tel est le résumé de sa très juste thèse.

L'étude du théâtre d'opérations austro-germano-russe donne une nouvelle force à son argumentation.

Il est peu de régions où la position des quais de débarquement permette de mieux prévoir la forme probable du déploiement initial des armées.

Du côté allemand, les quais sont disposés en deux groupes : — l'un dans la Prusse orientale, — l'autre sur la rive droite et le long de l'Oder.

Le groupe le plus important est compris dans un quadrilatère de 200 kilomètres de largeur (depuis la Vistule jusqu'à la ligne Tilsitt, Insterbourg, Lyck) sur 120 kilomètres de profondeur (depuis la ligne Dantzig, Kœnigsberg, jusqu'à la frontière nord de la Pologne russe).

Les lignes transversales sont :

D'une part, Marienbourg, Kœnigsberg, Insterbourg, Eydtkuhnen ;

D'autre part, Thorn, Jablonovo, Deutsch-Eylau, Allenstein, Lyck,

Avec les lignes sécantes :

a) Marienbourg, Soldau ;

b) Guldenbaden, Allenstein, Illovo ;

c) Kœnigsberg, Korschen, Lyck ;

d) Tilsitt, Insterbourg, Goldap.

Ces lignes font de cette partie de la Prusse orientale une place de rassemblement tout entière sur la rive droite de la Vistule. De là, les forces allemandes peuvent se porter avec une égale rapidité, et en masse, soit dans les provinces Baltiques, soit en Pologne, sur les derrières de Varsovie. Vingt-quatre quais de débarquement assureraient à huit corps d'armée la possibilité d'y être à pied d'œuvre le quatorzième jour qui suivra la mobilisation. On peut compter qu'à cette date 300,000 hommes de troupes de première ligne, soutenus, le dix-septième jour, par un nombre égal de troupes de deuxième ligne, seront concentrés sur ce théâtre d'opération.

Les Allemands disposeront encore de 100,000 hommes de troupes de première ligne et de 600,000 de troupes de deuxième ligne pour observer la ligne : Thorn, Posen, Kempen, Kreutzburg, Beuthen, parer à diverses éventualités soit à l'est, soit à l'ouest, et donner la main aux Autrichiens à Cracovie.

Dans l'organisation de leur zone de débarquement, les Autrichiens se sont montrés d'une grande hardiesse. Obéissant au même principe que leur allié de Berlin, ils ont concentré leurs quais de débarquement sur la rive droite de la Vistule, mais si près du territoire russe que, pour pouvoir les utiliser, ils sont forcés de prendre l'initiative de l'attaque.

En effet, sauf ceux de Cracovie, tous leurs quais sont situés sur la ligne : Tarnow, Przeworsk, Przemysl, Lemberg, distante de la frontière de 35 à 70 kilomètres.

Vingt quais, dont la longueur assure le débarquement simultané de deux trains, sont échelonnés sur cette ligne. Ils permettent à 400,000 Autrichiens d'y être rassemblés le quatorzième jour, et à 400,000 autres d'y arriver pour le vingt-deuxième jour.

Après leur concentration en Galicie, les Autrichiens, qui disposent, le septième jour de la mobilisation, de 1,200,000 hommes de première ligne, et, le dix-septième jour, de 500,000 hommes de deuxième ligne, auront donc encore disponibles 400,000 hommes de troupes de première ligne et 500,000 de réserve.

Les forces austro-allemandes réunies en Galicie, en Silésie et en Poméranie, assurent aux alliés une supériorité numérique qui ne peut être rompue en faveur des Russes que trois mois après la déclaration de guerre.

Le général de M.j..y estime qu'il faut à la Russie

quatre semaines pour être prête à des opérations défensives sérieuses, et six semaines encore pour pouvoir passer à l'offensive!

D'autre part, il ne faut pas perdre de vue que les Russes seront forcés de placer des armées d'observation devant la Bulgarie et la Roumanie, entraînées dans l'orbite de la Triple Alliance. On affirmait même tout récemment que la Roumanie y était effectivement entrée.

L'Angleterre fera tout ce qui dépendra d'elle pour déterminer la Turquie à une attitude tout au moins menaçante, en sorte que les troupes de la Transcaucasie ne pourront guère être retirées.

Cette obligation de se garder sur d'énormes espaces retardera encore le moment où les Russes pourront prendre l'offensive.

Les Autrichiens pourront donc, sans rien perdre de leurs avantages, envoyer 300,000 hommes en Alsace.

Si, dans cette étude, il n'est pas fait mention de l'armée italienne, ce n'est pas qu'on la considère comme une quantité négligeable. Bien loin de là. Mais les difficultés qu'elle rencontrera dans sa mobi-lisation, dans l'achat du matériel qui lui sera nécessaire, dans la constitution des approvisionnements qu'elle ne peut entretenir en temps de paix, vont être pour elle la cause des plus sérieux embarras. Aussi, en exceptant ses belles troupes alpines et quelques régiments d'élite, comme les bersaglieri, ne pourra-t-elle guère mettre en ligne de fortes masses avant le vingt-cinquième jour de la mobilisation.

Encore lui faudra-t-il pourvoir à la défense de ses côtes.

Personne n'ignore qu'à cet égard elle compte sur l'appui non seulement moral, mais encore effectif de l'Angleterre; en quoi elle aurait absolument raison, si la France ne prenait pas les mesures nécessaires pour faire apparaître au peuple anglais les inconvénients de l'intervention de son gouvernement.

Nous ne conservons aucune illusion : le gouvernement anglais gardera sans doute vis-à-vis de nous une neutralité peu bienveillante, mais si cette absence de sympathie venait à se traduire par des faits, nous ferions immédiatement à sa marine marchande une guerre sans merci. Dans une conjoncture aussi grave, toute sentimentalité doit disparaître, et nous saurions dénoncer sans hésitation les conventions gênantes.

La course! tel serait le moyen de répondre à cette

injustifiable agression. Embusqués sur les routes commerciales des océans, faisant au besoin le nécessaire pour ne pas s'embarrasser de leurs prises, nos croiseurs produiraient dans le commerce anglais des ravages tels, qu'il est probable que la nation se soucierait peu de suivre son gouvernement dans une voie où elle aurait tant à perdre sans compensations sérieuses.

III

Ainsi nous serons envahis, et envahis par surprise.

Pour remplir leur mission, les troupes allemandes
de couverture, c'est-à-dire les forces qui doivent
couvrir la première zone de débarquement, sont forcées d'attaquer.

Nous apprendrons en même temps la guerre et
l'invasion.

Mais les fortifications de la frontière ne sont-elles
pas élevées pour parer à cette éventualité?

Le pays a mis dans les forts et dans les camps
retranchés une confiance qui maintenant n'est plus
justifiée.

Les ouvrages créés après la guerre de 1870 avaient
leur raison d'être; à ce moment ils possédaient par

eux-mêmes une certaine puissance; aujourd'hui l'obus-torpille est venu révolutionner la fortification. Tout ce qui date de quelques années est démodé, et les types d'ouvrages les plus récents sont déjà fort discutables. Les ingénieurs belges, en élevant leurs coûteuses fortifications de la Meuse, ont dû concevoir des doutes sur leur efficacité. Cuirassés, bétonnés ou non, les forts seront vite réduits à l'impuissance lorsque la défense extérieure qui les couvre et qu'ils soutiennent aura été rejetée sur leur ligne.

Si donc la nation voit tomber un fort sur lequel elle comptait pour arrêter l'ennemi, qu'elle ne s'en trouble pas, le sort de la campagne ne saurait en dépendre.

Mais si les ouvrages en eux-mêmes, et surtout les ouvrages isolés, ont perdu la plus grande partie de leur valeur, les grands camps retranchés, puissamment organisés au point de vue des chemins de fer, joueront encore un grand rôle dans la prochaine guerre. Avec des garnisons proportionnées à leur étendue, ils créeront d'abord à l'invasion de sérieuses difficultés et pourront, dans le cours de la campagne, seconder puissamment les opérations des armées, à la condition toutefois que celles-ci ne se laissent pas rejeter dans leur zone.

Car nous devons être pénétrés de ce principe : *Les camps retranchés périssent toujours quand les armées de campagne viennent s'y réfugier.*

C'est surtout à notre grand camp retranché de Paris que ce principe s'applique. Si donc l'ennemi pénètre profondément en France, nos armées d'opération doivent découvrir Paris.

L'hypothèse de l'attaque de notre capitale n'a rien qui puisse nous surprendre; elle a été puissamment armée en prévision de cette éventualité.

Mais n'est-il pas à craindre que le fait de voir de nouveau l'ennemi autour de Paris n'exerce sur le pays une action déprimante? Le départ précipité, la fuite, pourrait-on dire, du Gouvernement, des Chambres, des pouvoirs publics, à la suite d'une retraite, ne soulèverait-il pas une émotion profonde? Notre centralisation excessive se prête mal aux alertes; la désorganisation des services serait certaine. Une telle secousse constituerait un des plus graves dangers de la guerre; il est de toute nécessité d'y parer.

Le seul procédé consiste à décréter que la déclaration de guerre implique le transfert immédiat du

Gouvernement et de tous ses organes dans une ville de l'intérieur.

La mobilisation du Gouvernement, des Chambres, des services généraux, doit être préparée en temps de paix, comme celle d'une place forte.

Bourges, capitale pendant la durée de la campagne, telle est la solution qui s'impose.

La ville, couverte par le Morvan, n'a rien à redouter de l'invasion. Là, les pouvoirs publics, délibérant en paix, à l'abri des émotions et des crises, pourront mieux disposer de toutes les ressources du pays. Le Gouvernement, sans inquiétude pour l'avenir, imprimera à la lutte toute l'énergie que réclame le salut de la patrie.

Et puis, quelle leçon pour l'envahisseur ! Ne lui dirait-elle pas notre inflexible résolution de lutter jusqu'au bout ? Et quand, arrivé sous Paris, il se verrait encore si loin du cœur de la défense, songeant aux efforts qui lui restent à faire, sachant que là-bas, de l'autre côté de ses frontières orientales, des millions d'hommes s'arment et s'avancent d'une marche lente mais irrésistible, ne sentirait-il pas décroître son audace, et ses coups n'en seraient-ils pas ralentis ?

Or le ralentissement c'est notre salut et c'est sa perte.

Des semaines se seront écoulées, les armées russes entreront en ligne, et l'ennemi, enserré entre nos armées de campagne et le plus puissant des camps retranchés, sera forcé à une retraite que nous saurons changer en désastre.

Donc l'invasion sera probablement le début de notre grande lutte nationale. Retarder cette invasion, la circonscrire, sera la conception stratégique initiale, jusqu'à ce que l'heure soit venue d'une offensive qui nous fera regagner à grandes étapes le terrain que nous aurions dû céder.

D'ailleurs, l'offensive que, par atavisme, nous avons dans le sang ne sera pas bannie de ces opérations. La disposition stratégique défensive, à laquelle nous serons peut-être contraints au commencement de la campagne, comportera, sur bien des points, une contre-offensive propre à diminuer, dans une large mesure, la rapidité de l'invasion allemande.

Mais ne nous laissons pas entraîner, pour donner satisfaction à l'impatience nerveuse du pays, à des actions générales, décisives et douteuses.

Ne pas manœuvrer en cédant au besoin du terrain, quand on risque d'être cerné, conduit à un

Sedan. Un seul but doit être poursuivi, celui de n'engager la lutte que dans des conditions favorables.

On reprochera peut-être à ce rapide exposé la sévérité de ses conclusions, mais ce n'est pas en entretenant un peuple dans les illusions où il se complaît, qu'on le prépare à la lutte suprême.

Nous venons d'envisager les éventualités qui peuvent résulter de la situation présente. La lutte s'engagera peut-être dans de meilleures conditions, et nous pourrons prendre de bonne heure une offensive que nous ne cesserons pas de rechercher. Mais nous voulons connaître toutes les mauvaises chances et étudier les moyens de surmonter tous les dangers.

Certes, l'heure est grave. Il y a cent ans, elle l'était plus encore. Cependant, quelque temps après, la République, qu'aucun revers n'avait pu abattre, avait chassé l'ennemi du territoire.

Que la France ne se laisse pas absorber par de misérables querelles de partis ou par des scandales qui n'atteignent que quelques politiciens disqualifiés. Qu'elle regarde ses frontières où grandit l'orage.

Son abaissement rêvé par ses ennemis ne saurait

se réaliser, si elle est résolue à supporter d'un cœur ferme les épreuves possibles des premiers jours.

Ce n'est pas en détournant les yeux que l'on conjure le danger, mais en le regardant en face.

Février 1893.

76

www.ingramcontent.com/pod-product-compliance
Lightning Source LLC
Chambersburg PA
CBHW051342060726
47596CB00004B/1743